DOROTHEA M. SCHLICKMANN - FRANCINE MARIE COOPER

ALLE DÜRFEN ZU DIR KOMMEN

Foto: Brehm

Dorothea M. Schlickmann
hat Deutsch, Geschichte und
Erziehungswissenschaften studiert.
Die promovierte Pädagogin arbeitet heute im
Bereich historisch-biographischer Forschung sowie als Autorin und
Bildungsreferentin im gesellschaftlichen und kirchlichen Bereich.

Foto: Cooper

Francine Marie Cooper
hat Kommunikationsdesign studiert.
Heute arbeitet die gebürtige Engländerin im Bereich
visueller und audio-visueller Kommunikation in
gemeinschaftseigenen Projekten sowie in katholischer Weiterbildung
und Glaubensverkündigung. Beide sind Mitglied des Säkularinstitutes
der Schönstätter Marienschwestern.

© Verlag Herder GmbH, Freiburg im Breisgau 2020
Alle Rechte vorbehalten
www.herder.de

Gesamtgestaltung: Francine Marie Cooper, Vallendar
Umschlagmotiv: Francine Marie Cooper, Vallendar

Herstellung: Graspo CZ, Zlìn,
Printed in the Czech Republic

ISBN 978-3-451-39851-3

Dorothea M. Schlickmann • Francine Marie Cooper

ALLE DÜRFEN ZU DIR KOMMEN

Erzählungen – Gedanken – Anregungen
zur Weihnacht

HERDER

FREIBURG · BASEL · WIEN

INHALT

EINLADUNG

„Schön", sagt Papst Franziskus und legt dabei seine Hand auf das Foto einer Weihnachtskrippe. Vatican News hatte auf Facebook eine Krippenchallenge ausgeschrieben: Welche Lieblingskrippe bekommt die meisten „Gefällt mir"-Angaben? Die Krippe in der Dreifaltigkeitskirche auf Berg Schönstatt gewinnt mit Abstand den ersten Platz und erhält den Segen des Heiligen Vaters.

Jahr für Jahr kommen rund 10.000 Besucher zu dieser Krippe. Vom zweiten Weihnachtstag bis zum 8. Januar erfreut sich das Angebot „10 Minuten an der Krippe" großer Beliebtheit. Was zieht die Menschen an?

Das originelle Krippenspiel, das jeden Tag die Kinder einbezieht, die aus den Besucherscharen spontan mitmachen wollen? – Das stimmungsvolle Singen von Weihnachtsliedern nach Wunsch? – Die zeitgemäßen Impulse und Gebete oder der Chor der Schönstätter Marienschwestern, der „so schön singt"?
Ist es der gute Weihnachtstee im ehemaligen Stall, dessen Rezept geheim bleibt, oder sind es die selbstgebackenen Plätzchen, die dazu angeboten werden? Oder ist es die weihnachtliche Stimmung insgesamt, die man sonst seltener findet?

Zutiefst ist es vielleicht aber gerade die Krippe selbst. „Das wunderbare Zeichen" nennt Papst Franziskus in seinem Schreiben „Admirabile signum" die Weihnachtskrippe. Die Krippe, „die dem christlichen Volk so sehr am Herzen liegt", weil sie „das Geheimnis der Menschwerdung des Sohnes Gottes mit Einfachheit und Freude" verkündet.

Der Papst erklärt: „Mit diesem Schreiben möchte ich die schöne Tradition in unseren Familien stützen, in den Tagen vor Weihnachten eine Krippe aufzubauen, und auch den guten Brauch, sie am Arbeitsplatz, in Schulen, Krankenhäusern,

Gefängnissen, auf öffentlichen Plätzen usw. aufzustellen. In wirklich kreativem Einfallsreichtum entstehen aus den unterschiedlichsten Materialien kleine Meisterwerke, die sehr schön anzusehen sind. ... Ich hoffe, dass dieses Brauchtum nie vergeht; im Gegenteil, ich hoffe, dass es dort, wo es nicht mehr gepflegt wird, wiederentdeckt und neu belebt werden kann."

Die Auszeichnung der „Krippenchallenge 2019" von Vatican News lenkt den Blick auf die Krippe in der Dreifaltigkeitskirche in Schönstatt. Was dort gern gesungen wird, ist zur Erfahrung geworden: Alle dürfen zu dir kommen!

Alle sind eingeladen, diese Krippe zu betrachten, die 15 Quadratmeter große Krippenlandschaft, die einzelnen Figuren, die kleinen liebevoll angeordneten Details. Alle dürfen kommen – und schauen und eintauchen in das Wunder und das Geheimnis von Weihnachten.

Die Erzählungen, Bilder, Gedanken, Dialoge und Meditationen dieses Buches lassen zur Ruhe kommen, nehmen uns hinein in den Glanz und das Licht, das Weihnachten jedem Menschen schenken möchte.

Dorothea M. Schlickmann & Francine Marie Cooper

ZUM URSPRUNG DER WEIHNACHTSKRIPPE

Papst Franziskus in „Admirabile signum", 2019

Die Krippe geht in ihrem Ursprung vor allem auf einige in den Evangelien beschriebene Details der Geburt Jesu in Betlehem zurück. Beim Evangelisten Lukas heißt es einfach: Maria ‚gebar ihren Sohn, den Erstgeborenen. Sie wickelte ihn in Windeln und legte ihn in eine Krippe, weil in der Herberge kein Platz für sie war' (Lk 2,7). Jesus wird in eine Futterkrippe gelegt (lateinisch praesepium), die der Weihnachtskrippe den Namen gibt.

Kommen wir zum Ursprung der Krippe, wie wir sie kennen. Wir begeben uns im Geist nach Greccio im Rieti-Tal; der heilige Franziskus hielt sich dort auf, als er wohl von Rom kam … Nach seiner Reise ins Heilige Land erinnerten ihn die dortigen Höhlen auf besondere Weise an die Landschaft von Betlehem. Und es ist möglich, dass den Poverello von Assisi in Rom die Mosaiken der Basilika Santa Maria Maggiore mit der Darstellung der Geburt Jesu beeindruckt hatten, die sich in direkter Nähe zu dem Ort befinden, wo nach alter Überlieferung Teile der Krippe Jesu aufbewahrt werden.

Fünfzehn Tage vor Weihnachten rief Franziskus einen Einheimischen namens Johannes zu sich und bat ihn um seine Mithilfe bei der Verwirklichung eines Wunsches: „Ich möchte nämlich das Gedächtnis an jenes Kind begehen, das in Betlehem geboren wurde, und ich möchte die bittere Not, die es schon als kleines Kind zu leiden hatte, wie es in eine Krippe gelegt, an der Ochs und Esel standen, und wie es auf Heu gebettet wurde, so greifbar als möglich mit leiblichen Augen schauen."
(Thomas von Celano, Erste Lebensbeschreibung, 84: Franziskus-Quellen [FQ], 250)

Gleich nachdem er dieses Anliegen vernommen hatte, ging der treue Freund los, um am vorgesehenen Ort alles Notwendige entsprechend dem Wunsch des Heiligen vorzubereiten. Am 25. Dezember kamen viele Brüder aus verschiedenen Gegenden nach Greccio, und es kamen auch Männer und Frauen von den umliegenden Höfen mit Blumen und Fackeln, um diese heilige Nacht zu erleuchten. Als Franziskus ankam, fand er die Krippe mit dem Heu, dem Ochsen und dem Esel.

Der Anblick der Weihnachtsszene erfüllte die herbeigeeilten Menschen mit unsagbarer, nie zuvor erlebter Freude. Dann feierte der Priester über der Krippe feierlich die Eucharistie und machte so die Verbindung zwischen der Menschwerdung des Sohnes Gottes und der Eucharistie sichtbar. Bei dieser Gelegenheit kamen in Greccio keine Figuren zum Einsatz: Die Anwesenden selbst stellten die Krippenszene dar und erlebten sie. (Vgl. ebd., 85: FQ, 250)

So entstand unsere Tradition, als alle um die Grotte versammelt waren, von Freude erfüllt und ohne Distanz zwischen dem stattfindenden Geschehen und denen, die zu Teilnehmern an diesem Geheimnis wurden.

Der erste Biograph des heiligen Franziskus, Thomas von Celano, erinnert daran, dass zu der einfachen und berührenden Szene in jener Nacht noch das Geschenk einer wunderbaren Vision hinzukam: Einer der Anwesenden sah das Jesuskind selbst in der Krippe liegen. An diesem Weihnachtsfest im Jahr 1223 kehrte ein jeder „in seliger Freude nach Hause zurück." (Ebd., 86: FQ, 251)

> „DER ANBLICK DER WEIHNACHTSSZENE ERFÜLLTE DIE HERBEIGEEILTEN MENSCHEN MIT UNSAGBARER, NIE ZUVOR ERLEBTER FREUDE."

Lasst uns nach
Betlehem gehen und
sehen, was geschehen
ist und was der Herr
uns kundgetan hat.

─────────

Lk 2,15

DIE FROHE BOTSCHAFT NACH LUKAS

In jenen Tagen erging ein Erlass
des Kaisers Augustus, den ganzen
Erdkreis (in Steuerlisten) einzutragen.
Diese Aufzeichnung war die erste und
geschah, als Quirinius Statthalter
von Syrien war.
Alle gingen hin, sich eintragen zu lassen, ein
jeder in seine Stadt.
Auch Josef zog von der Stadt
Nazaret in Galiläa hinauf nach Judäa
in die Stadt Davids, die Betlehem heißt.
Denn er war aus dem Haus und Geschlecht
Davids.
Er wollte sich mit Maria eintragen lassen,
seiner Frau, die schwanger war.
Während sie dort waren, kam für Maria die
Zeit ihrer Niederkunft, und sie gebar ihren
Sohn, den Erstgeborenen, wickelte ihn
in Windeln und legte ihn in eine Krippe,
weil in der Herberge für sie kein Platz war.

Lk 2,1-7

Die Krippe ist
in der Tat
wie ein lebendiges
Evangelium

Papst Franziskus
Admirabile Signum

STILLE UND SCHWEIGEN

Denn während tiefes Schweigen
alles umfing und die Nacht in
ihrem schnellen Lauf bis zur Mitte
vorgerückt war, da sprang dein
allmächtiges Wort vom Himmel her,
vom königlichen Thron.

Weish 18,14

„Nur in der Stille wird
der Heiland geboren."

J. Kentenich

Im Lärm, in der Hektik des Alltags
steigt bisweilen in mir hoch:
Wenn es doch einmal ruhiger,
stiller, besinnlicher wäre!
Schon lange vor dem Advent graut mir vor dem geschäftigen
Treiben,
der Hektik, „dem Stress vor Weihnachten".

Es ist die Stille, das Schweigen,
das mich zur Ruhe kommen lässt,
mich zum Nachdenken bringt,
nicht das Laute, das Aufdringliche, das Schreiende.
Stille – nach der ich mich manches Mal sehne:
Stille um mich herum und in mir,
einfach nur ruhende Stille.

Wenn wir beieinander sind, und uns verstehen,
kann nichts so beredt sein wie solch schweigende Stille.

Ein Schweigen, das mich umfängt und birgt,
in seine schützenden Arme nimmt
und mich nicht fallen lässt.
Egal, was geschieht:
Dieses Schweigen hält mich.

Dieses Kind umgibt ein Schweigen,
das mich anzieht,
das mich zu mir selbst führt,
mich mir selbst zurückgibt.

Das Kind öffnet seine Arme,
als wollte es mich umfangen, umarmen,
als wollte es sagen:
Für das Beste in dir
bin ich gekommen …

Göttliches Kind,

lass mich still werden bei dir,

lass mich eintauchen

in das Geheimnis dieser Stille

der Heiligen Nacht.

Lehre mich schweigen und lauschen,

einatmen deine göttliche Nähe

und ausatmen, was mich belastet:

all die Sorgen,

die ich zur Krippe mitgebracht habe,

alles, was mich von anderen trennt,

wo ich noch zu besetzt bin

vom eigenen Ich.

LICHT UND DUNKEL

Steh auf, Jerusalem, werde licht,
denn gekommen ist dein Licht,
und die Herrlichkeit des Herrn
strahlt über dir!

Denken wir daran,
wie oft Nacht unser Leben umgibt.
Nun, selbst in solchen Momenten lässt
Gott uns nicht allein, sondern kommt
zu uns, um den entscheidenden Fragen
nach dem Sinn unserer Existenz eine
Antwort zu geben: Wer bin ich?
Woher komme ich?
Warum wurde ich in diese Zeit
hineingeboren?
Warum liebe ich? Warum leide ich?
Warum werde ich sterben?
Um auf diese Fragen eine Antwort zu
geben, wurde Gott Mensch.
Seine Nähe bringt Licht in die Finsternis
und erleuchtet alle, die durch das
Dunkel des Leidens gehen.

Papst Franziskus

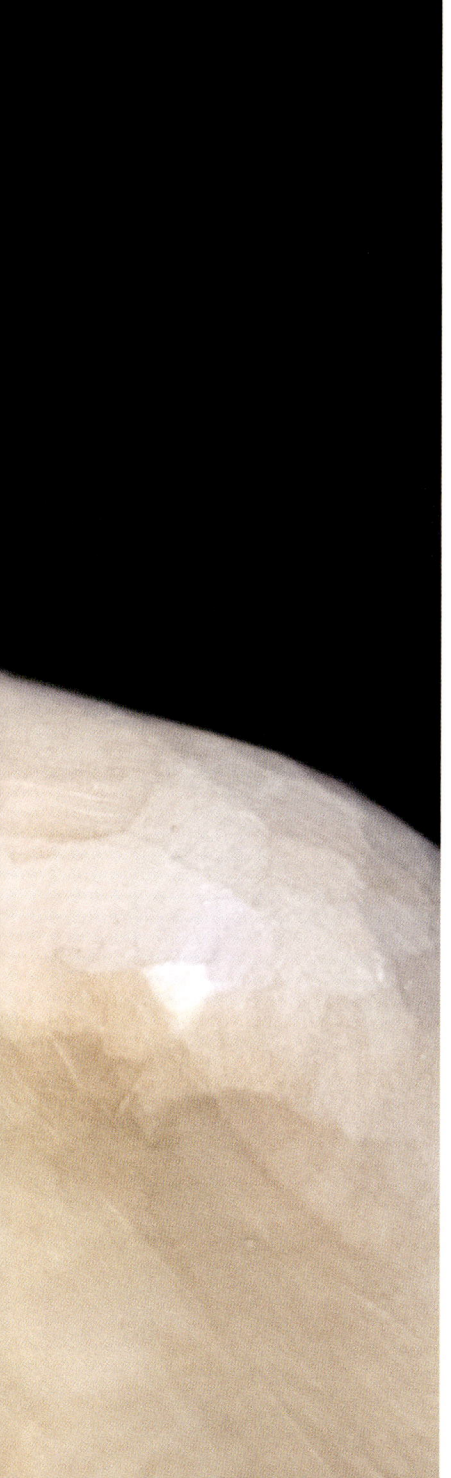

In ihm war das Leben,
und das Leben war das Licht
der Menschen.
Und das Licht scheint in der
Finsternis, und die Finsternis
hat es nicht ergriffen.

Joh 1,4-5

Finsternis, Dunkelheit
wie ein Tunnel,
aus dem ich nicht entrinnen kann,
überschatten manchmal auch mein Leben.
Wenn alles verfahren, ausweglos scheint,
wenn das Finstere meine Seele gefangen hält
und nicht mehr freigeben will:
die trüben Gedanken, das Misstrauen,
Ängste und Unsicherheit,
Schuld und Versagen,
Trauer und Enttäuschung,
wenn Zweifel und Resignation mir Lebenskraft rauben.
wenn das Unverständliche geschieht
und ich ihm keinen Sinn abgewinnen kann –
gibt es da überhaupt eine Hoffnung, auch für mich?
Einen Lichtblick, einen kleinen Lichtschein,
der das Ende des Tunnels verheißt?

Für viele war die Nacht von Betlehem extrem dunkel.
Diese ganze Volkszählung war ein solcher Affront:
Was für eine drückende Last, die von den römischen Eroberern ausging,
lag über dem Land, dem jüdischen Volk. Und doch:

„Das Volk, das im Finstern wandelt, schaut ein großes Licht;
über denen, die im Land der Dunkelheit
wohnen, erstrahlt ein Licht." (Jes 9,1)

Wenn dieses Licht nun auch mir gilt?
Wenn ER, der da als unscheinbares Kind in die Welt kommt,
auch mein Leben erhellen will?

„Nicht aufgeben,
Gott hat auch da noch Möglichkeiten,
wo der Mensch schon lange keine mehr sieht."

J. Kentenich

Bleibt nicht auch in meinem Leben Grund zur Hoffnung?
Hoffnung auf den, der sich mir zuneigt, mich sucht!

Aber selbst an der Krippe springt ein kleiner Räuber auf dem
Dach, züngelt die Schlange, treibt der Marder sein Unwesen.
Besteht nicht oft die Gefahr,
dass gerade erst entstehendes Leben bedroht wird?
Kaum beginnt etwas in mir leise und zart zu wachsen,
kaum reift ein wertvoller Gedanke, ein guter Entschluss,
eine zündende Idee, kommt von irgendwo so ein „Wiesel",
wirbelt blitzschnell alles durcheinander,
zerstört, was gerade erst zu keimen begann.
Ja, die Finsternis des Bösen hat überall Möglichkeiten,
lauert an jeder Ecke, sogar vor der Krippe macht sie nicht Halt.
Es fiebert, ob es das Gute jagen oder vertreiben,
den guten Vorsatz, den Anfang neuen Lebens
nicht zunichte machen kann?
Ob es sich bekehren lässt?
Das Wiesel in uns und um uns, der „Durcheinanderwirbler"
auf dem Dach meines Hauses, in meiner Familie?

Das Licht von Betlehem, das jeden erleuchtet,
das wärmende Weihnachtslicht,
das jede Finsternis vertreibt,
kam in die Welt und erleuchtet alles
und jeden. Auch mich.

(Das Wort) war das wahre Licht,
das jeden Menschen erleuchtet;
es kam in die Welt.

Joh 1,9

SCHÖPFUNG UND OFFENBARUNG

Aus Isais Stumpf aber sprosst
ein Reis, ein Schössling bricht
hervor aus seinem Wurzelstock.
Auf ihm ruht der Geist des Herrn:
der Geist der Weisheit und der Einsicht,
der Geist des Rates und der Stärke,
der Geist der Erkenntnis und der Furcht
des Herrn.

Jes 11,6-9

ann wohnt der Wolf bei dem Lamm und lagert der Panther bei dem Böcklein. Kalb und junge Löwen weiden gemeinsam, ein kleiner Junge kann sie hüten.
Die Kuh wird sich der Bärin zugesellen und ihre Jungen liegen beieinander; der Löwe nährt sich wie das Rind von Stroh.
Der Säugling spielt am Schlupfloch der Otter und in die Höhle der Natter streckt das entwöhnte Kind seine Hand.
Sie schaden nicht und richten kein Verderben an auf meinem ganzen heiligen Berg, denn das Land ist voll der Erkenntnis des Herrn, wie die Wasser das Meer bedecken.

Jes 11,6-9.

Diese Szenerie besagt ..., dass
Jesus die Neuheit inmitten einer
alten Welt ist und dass er gekommen ist, um zu heilen und wieder-
aufzubauen, um unser Leben und
die Welt wieder in ihren ursprüng-
lichen Glanz zu versetzen.
Welch' eine Freude sollte uns
erfüllen, wenn wir die Krippe mit
Bergen, Bächen, Schafen und
Hirten versehen! Auf diese Weise
erinnern wir uns, dass – wie die
Propheten verheißen hatten – die
ganze Schöpfung am Fest des
Kommens des Messias teilnimmt.

Papst Franziskus

Heilen, was verwundet ist.
Wiederaufbauen, was zerstört wurde:
die Schöpfung, die uns nur anvertraut ist.
Die Natur in ihrer ganz eigenen Schönheit,
mit ihren eigenen Gesetzen,
die wir nicht verletzen dürfen,
nicht ausbeuten, bis nichts mehr geht
und der Klimawandel sich gegen uns erhebt.
Die Schöpfung Gottes achten lernen,
sie werten, lieben, bewahren.

Und die Krone der Schöpfung: den MENSCHEN.
Die Natur des Menschen, auch ihre Gesetze,
ihr von Gott geschenktes, eigenes Sein beschützen.
Das geheimnisvolle Gott ähnliche Sein,
das es zu achten, mit Ehrfurcht zu behandeln gilt.

Warum bewegt uns die Krippe und
bringt uns derart zum Staunen?
Vor allem weil sie Gottes
Zärtlichkeit offenbart.
Er, der Schöpfer des Alls,
begibt sich zu uns hernieder.
Das Geschenk des Lebens,
an sich schon stets ein Geheimnis
für uns, fasziniert uns umso mehr,
wenn wir sehen, dass er, der aus
Maria geboren wurde,
die Quelle und der Halt
allen Lebens ist.

Papst Franziskus

Ich bin gekommen, damit sie
Leben haben und es
in Fülle haben.

Joh 10,10

Ich möchte selbstbestimmt leben,
mich verwirklichen, alles im Griff haben.
Aber wir haben nicht alles im Griff:
weder das Leben noch die Natur,
weder unsere Beziehungen
noch unser Glück.

Ich möchte genießen,
das Leben, die Natur, die Freizeit
– und alles im Jetzt.

Wir werden zu Maßlosen,
die nie genug bekommen,
zu Verschwendern,
denen nichts mehr heilig ist.

Aber unser endloser Drang nach Genuss
saugt das Leben aus, entstellt die Natur,
macht uns zu Ausbeutern,
macht uns krank.

Könnte es sein, dass die Sprache
der Krippe uns anderes lehrt,
einen neuen Weg vorzeichnet?

Die Krippe zeigt uns also Gott so,
wie er in die Welt kam, und fordert
uns damit heraus, über unser Leben
nachzudenken, das hineingenom-
men ist in das Leben Gottes; sie
lädt uns ein, seine Jünger zu werden, wenn wir den endgültigen Sinn
des Lebens erreichen wollen.

Papst Franziskus

UNTER ENGELN

Gaudete: Ausgerechnet uns beide hat es getroffen, wo wir doch zu den wirklich kleinsten Engeln gehören!

Laetitia: Ja, das hätte ich mir nicht träumen lassen, dass wir so nah dabei sein dürfen. Und von hier oben, da sieht man wenigstens alles. Ich könnte jubilieren vor Glück und Freude. Wie findest du mein Flötenspiel?

Gaudete: Du spielst heute recht gut. Sonst triffst du ziemlich oft einen falschen Ton, aber heute nicht.

Laetitia: Ich habe mich so auf diese Heilige Nacht gefreut und wochenlang auf meiner Flöte geübt. Meinst du, ich will mich vor dem Heiligen Paar blamieren?

Gaudete: Hättest du gedacht, dass das alles so ablaufen würde: mitten in der Nacht, in einem armen Stall, zwischen allen möglichen Tieren, in einer Futterkrippe, und dann kommt er als Kind?

Laetitia: Das kann nur Gott ersinnen. Menschen hätten sich das sicher nicht so vorgestellt und anders geplant. Unfassbar, dass der Erlöser so in die Welt kommt!

Gaudete: Deswegen der riesige Streit unter den großen Engeln: dass der Erlöser in Menschengestalt zur Welt kommen soll, nicht mal als Engel!!

Laetitia: Es ist ein Wunder.

Gaudete: Was? Der Streit?

Laetitia: Nein, dass der Herr des Universums sich so klein macht, sich so erniedrigt So viel ist ihm das Leben der Menschen also wert!

Gaudete: Weiß er denn nicht, wie die Menschen sind? Was sie so alles anstellen, aus seiner Schöpfung machen und mit IHM?

Laetitia: Ich glaube schon.

Gaudete: Ob ihnen klar ist, wie wertvoll es sie macht?

Laetitia: Wem?

Gaudete: Na, den Menschen. Ich kann den Streit oben schon verstehen
Menschen – Was sind das schon für Wesen? Keine reine Geistnatur
und auch nicht Tier. Die haben ja nicht mal Flügel.

Laetitia: Doch, einen Flügel haben sie. Den sieht man nur nicht.

Gaudete: Aber damit kann man doch nicht fliegen!

Laetitia: Doch schon: Wenn Menschen sich umarmen, dann haben sie zwei.

Gaudete: Und das genügt?

Laetitia: Ja! Wenn Menschen lieben, „dann wachsen ihnen Flügel",
hab ich mal irgendwo gelesen.
Schau, da unten tut sich was. Noch mehr Hirten kommen.

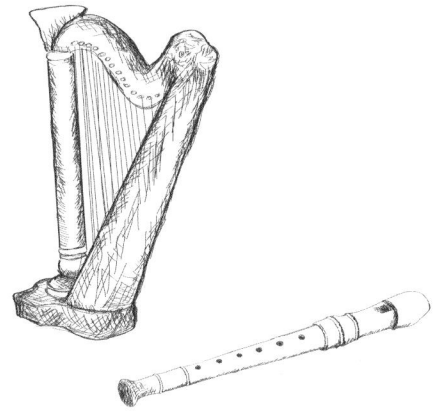

WEG UND WAGNIS

Nachdem sie den König angehört
hatten, brachen sie auf.
Und der Stern, den sie hatten
aufgehen sehen, zog vor ihnen her,
bis er ankam und über dem Ort
stehen blieb, wo das Kind war.

Mt 2,9

Sich auf den Weg machen, aufbrechen ist riskant,
gefahrvoll, immer mit Ungewissheit verbunden.
Altes zurücklassen, verlassen, loslassen,
um etwas Neues zu entdecken.

Aufbrechen heißt: neu beginnen,
neue Schritte wagen,
Neuem begegnen.

Den unbekannten Weg beschreiten bedeutet:
Sich neu orientieren,
Dinge anders betrachten,
Menschen, die man schon lange kennt,
mit anderen Augen zu sehen, tiefer zu erkennen.
Den Weg zum Geheimnis der Weihnacht wagen
heißt: an der Krippe sich selbst begegnen,
und GOTT.

Wichtige Wege sind nicht beliebig.
Es gibt Augenblicke, da müssen wir uns entscheiden.
Manchmal müssen wir uns auf einen Umweg einlassen,
einen anderen Weg einschlagen als geplant,
um ans Ziel zu kommen.

Wege zu Gott sind nicht willkürlich,
man geht sie nicht überhastet,
erledigt sie nicht im Eilverfahren.
Sie sind auch nicht immer leicht,
bequem, vom Sofa aus zu planen.

Es braucht diesen ersten Sprung
heraus aus dem gewohnten Trott
und das Vertrauen:
Nicht ich gebe mir das Ziel,
bestimme den Weg, die Orientierung,
die Fortschritte.

Ich muss mich einlassen.
Aber ich bin nicht allein!
Etwas – jemand – führt mich,
nicht nur der Stern am Himmel.
Da ist eine liebevoll sorgende Hand,
die meine Hand ergreifen will.

ANNAS TRAUM

„Was willst du denn? Du sollst doch schlafen!" Wiederholt war die Mutter an das Lager ihrer kleinen Tochter getreten und langsam wurde sie ärgerlich.

„Mutter, ich habe den Stern gesehen. Wir müssen ihm folgen!" –
„Kind, es ist mitten in der Nacht!" –
„Aber er lädt uns ein. Ich habe von ihm geträumt. Er führt uns zu einem Kind, dem neugeborenen König von Israel." –
„Genau. Es ist, wie du gesagt hast: Du hast geträumt!" – „Aber es war nicht ein Traum wie die anderen. Es war eine göttliche Stimme, die zu mir sprach. Mutter, wir müssen dorthin gehen." – „Schlaf jetzt, sonst bist du morgen ganz müde!"

Anna wandte sich ab und Tränen stiegen in ihr auf. Die Mutter sah bekümmert, wie sehr ihr Kind in sich hineinschluchzte. Mitleid ergriff sie. Was sollte sie nur tun? Sie konnten doch nicht allein durch die Nacht spazieren und dann auch noch ohne einen Mann als Begleitung. Wie gefahrvoll wäre das! Und dann wusste sie ja noch nicht mal wohin. Doch ihre Tochter schluchzte so sehr! „Anna, versteh' doch! Wir können das nicht. Es wäre viel zu gefährlich, allein, mitten in der Nacht."
– „Wenn ich ihn nicht sehen darf … Er ist unser Retter, aber du glaubst mir nicht!"

Auf was hatte sie sich da nur aus Liebe zu ihrem Kind eingelassen?! Es war stockfinstere Nacht. Sie war Witwe und ohne männlichen Schutz unterwegs. Das war streng verboten. Aber das Kind strahlte erwartungsvoll, lief voran, so eilig, wie sie es nicht oft an ihrer Anna gesehen hatte. Unbedingt hatte sie dem neugeborenen Kind etwas mitbringen wollen.

Aber sie hatten doch nichts außer den vier Broten und genau die hatte die Mutter in einen Korb packen müssen. „Es ist der neugeborene König, Mutter. Wenn wir sonst nichts haben, dann müssen wir eben die mitnehmen. Wir müssen ihm nicht etwas geben, sondern alles, was wir haben." Ihre kleine Anna! Was das Kind sich manchmal nur vorstellte! Aber sie hatte tatsächlich nachgegeben, die Brote in den Korb gepackt und gedacht: Und was werden wir morgen und die Tage danach essen? War sie selbst eigentlich noch recht bei Verstand? Was hatte sie da getan?

Obwohl der Stern vor ihnen herging, überfiel sie große Furcht: Jedes Geräusch schreckte sie auf. Was war das? Waren es Räuber? Waren es römische Soldaten oder Wächter des Königs Herodes? Wenn ihre Tochter nur ahnte, was für Ängste sie durchstand!

Da, was war das? Ach, nur der Schrei eines Kamels.

Nun war der Stern stehen geblieben. Sie hatten einen Stall erreicht. Was wollten sie nur hier? Aber Anna war vorausgelaufen, direkt auf die Krippe mit dem Kind zu. Sie stellte sich hinter ihr kleines Töchterchen und es schien fast, als wenn sie selbst Schutz hinter ihrem Kind suchen wollte, obwohl sie eigentlich ihr Kind vor den vielen Fremden schützen wollte. Doch Anna lächelte. Es war ein so seliges Lächeln, wie sie es selten an ihr gesehen hatte. Ein so zartes, hingebungsvolles Lächeln. Sie hatte ihr Ziel erreicht.

 Nun sah auch sie das Kind, dieses strahlende Kind. Ihre Augen wurden groß. Noch nie hatte sie so ein Kind gesehen. Wie angewurzelt blieb sie stehen, konnte nur schauen. Was für ein Kind und was für Eltern!

Anna trat vor: „Wir haben dir alles gebracht, was wir haben, mein König, hier die Brote. Du sollst alles haben." Wieder lächelte das Kind. „Es ist schön, dass du da bist. Du bist gut, Anna." – „Aber Mutter sagt, ich bin ein Quälgeist!" – „Aber ein sehr liebenswerter. Die Brote darfst du behalten. Ich schenke sie dir zurück." – „Aber du liegst in einem armen Stall.

Du und deine Eltern, ihr habt nichts." – „Doch, ich habe dich. Deine Liebe genügt mir." – „Mutter, er hat gesagt, wir können die Brote wieder mitnehmen." Anna wandte sich freudig um. Doch dann sah sie einen Glanz in den Augen ihrer Mutter, ein Staunen. So kannte sie die Mutter gar nicht … Endlich! Jetzt hatte die Mutter sie verstanden: Dieses Kind, sie hatten es gefunden!

„Weihnachten hat seine eigenen,
ganz eigenen Gnaden."

J. Kentenich

ARMUT UND REICHTUM

Sie wickelte ihn in Windeln
und legte ihn in eine Krippe,
weil in der Herberge für sie
kein Platz war.

Ochse: Ich weiß gar nicht, was heute Nacht los ist! Was wollen die alle hier in unserm Stall? Das gab es ja noch nie!

Esel: Warum bist du so brummig in solch einer schönen und sternklaren Nacht?

Ochse: Und du? Wusste gar nicht, dass du so romantisch bist.

Esel: Mich stören die Fremden nicht. Ist doch ein nettes Paar und dann mit einem so strahlend lächelnden und zufriedenen Kind! Gibt doch kaum einen Laut von sich, der Kleine. Die Nacht ist kühl. Sei doch froh, dass sie hier Zuflucht gefunden haben.

Ochse: Wenn es ja nur das Kind und die Eltern wären, aber jetzt kommen auch noch lauter Fremde. Was wollen die alle hier? Sollen bleiben, wo sie waren. Ist doch kaum Platz für uns.

Esel: Sie nehmen uns doch nichts weg. Schau doch, sie bringen sogar noch was mit.

Ochse: Typisch Esel, du sagst doch immer zu allem Ja und Amen. Kannst nichts, als nur I-A sagen, bist mit allem zufrieden! Aber ich, ich bin hier der Ochse im Stall und habe das Sagen. Schau dir mal meine Muskeln an! Ich brauche den Platz und das Futter auch.

Esel: Du täuschst dich, wenn du denkst, ich würde immer nur Ja sagen. Das war mal ganz anders. Ich wurde beim Königshof geboren. Meine Eltern taten dort erlesene Dienste und trugen sogar die Königstochter bei ihrem Ausflug in die Berge. Ich war stolz und ließ mir von niemand etwas sagen. Schließlich wusste ich, wer ich war. Immer hatten wir genug Heu und Wasser, wurden gestriegelt und gepflegt. Eines Tages sollte ich nur zwei Säcke Mehl von der Mühle zum Palast bringen. Alle Esel wurden gebraucht, denn es war eine Hungersnot im Land ausgebrochen. Aber ich stellte mich quer. Das sei unter meiner Würde, behauptete ich, stemmte meine Vorderbeine in den Sand und weigerte mich, weiter zu gehen. Man schob mich, schimpfte und schlug sogar zu, aber ich bewegte mich keinen Millimeter vom Fleck.

Ochse: Und was geschah dann?

Esel: Schließlich kam der Oberaufseher vom Stall und wurde böse: „Nehmt ihm das Mehl ab und jagt ihn in die Wüste. Der taugt zu nichts. Soll er sehen, wo er bleibt." Und mit Peitschenhieben trieben mich die Knechte hinaus. Da stand ich nun, tief gekränkt, einsam, ohne Nahrung und etwas, den Durst zu stillen: Weit und breit niemand, der sich meiner angenommen hätte.

Erst jetzt erkannte ich, was es heißt, immer frisches Gras oder gutes Heu, Hafer und einen warmen Stall zu haben. Ich irrte in der Wüste umher und jeder noch so trockene Halm wurde mir kostbar.

Ochse: Aber wie bist du dann nach hier gekommen?

Esel: Wie durch ein Wunder. Ich war schon fast verdurstet und völlig ausgehungert. Da kam der Herbergswirt zufällig des Weges. Er sah mich am Boden liegen und gab mir aus seinem Schlauch Wasser zu trinken, ließ mich sogar von seinem Brot fressen. Er war so gut zu mir. Erst da erkannte ich, was es heißt zu dienen, nicht alles beherrschen zu wollen. Und was für ein Geschenk es ist, wenn man genug zu fressen hat. Er nahm mich mit und brachte mich hierher. Seither denke ich immer, dass Geben seliger ist als einfach immer nur zu nehmen, und ahne, was Barmherzigkeit heißt. Alles, was mir früher so selbstverständlich war, ist jetzt für mich zu einer Kostbarkeit geworden.

Ochse: Hm! Kann sein! Kann schon sein! Da ist was dran!

Von der Krippe ergeht die klare Botschaft, dass wir uns nicht vom Reichtum und von so vielen flüchtigen Glücksangeboten täuschen lassen dürfen.
Von der Krippe aus verkündet Jesus mit sanfter Macht den Aufruf zum Teilen mit den Geringsten als dem Weg zu einer menschlicheren und solidarischeren Welt, in der niemand ausgeschlossen und an den Rand gedrängt wird.

Papst Franziskus

Eigentlich haben wir alles. Es fehlt uns an nichts.
Es geht uns gut.
Wir haben alles im Überfluss,
so viel, dass wir es kaum entsorgen können.

Da liegt ER, dem alles gehört,
und er hat nichts
– nur eine Krippe, etwas Stroh, einen Stall.

Er lächelt: zufrieden, genügsam, bescheiden.
Und ich - bin ich glücklich?
Könnte ich mich auch mit weniger begnügen?
Auf manchen Luxus, manche Annehmlichkeit
verzichten?

Wie rotiere ich, wenn der Strom ausfällt,
wenn ich kein Netz habe, der Wasserhahn
versiegt, das Auto mal nicht anspringt?

Da liegt DER, der das alles nicht hat,
und strahlt: zufrieden und glücklich.
Wo sind seine Schätze?

An der Krippe kommt etwas zum Leuchten,
ein Reichtum, der von anderswo kommt,
von innen, der Äußeres nicht braucht.

Zum Wesentlichen vorstoßen -
Glückseligkeit, die nichts für sich braucht
und dann irgendwie ansteckt.

LEERE UND LEBEN

Ich bin gekommen,
damit sie Leben haben
und es in Fülle haben.

Joh 10,10

Manchmal fühle ich mich leer, wie ausgebrannt.
Ausgepowert.
Immer habe ich gut funktioniert,
alle Erwartungen erfüllt,
meine Rolle gut gespielt.
Ich hatte Erfolg und wurde gefeiert.
Aber jetzt, wo der Erfolg ausbleibt,
wo nicht mehr alles so funktioniert,
bin ich out, werde nicht mehr gebraucht,
abgeschoben, überflüssig.
Sobald ich die Wohnungstür hinter mir schließe,
scheint alles leer, dumpf, fühlt sich schal an.

Wie ein Hamster im Rad bin ich mitgelaufen,
voller Begeisterung – nonstop – immer rund;
so sehr, dass ich Ruhe, Lautlosigkeit, Stillsitzen,
– einfach gar nichts tun –
nicht mehr ertragen kann.
Etwas muss immer laufen: das Radio, der
Fernseher, mein Smartphone, die Stereoanlage,
und wenn es nur die Spülmaschine, die
Waschmaschine oder der Trockner ist.

Ich muss ständig online sein, erreichbar,
verfügbar, muss laufend nachschauen,
ob sich etwas tut, ob jemand oder etwas
meine Einsamkeit und Leere übertönt.
Was ist nur los mit mir?

Ist Leistung, Erfolg, Gewinn, Betriebsamkeit alles?
Alles, was meinen Wert ausmacht,
mir Antrieb gibt, mich bestimmt?
Wo ist mein Innen geblieben?
Ist da überhaupt noch etwas?
Ich komme mir leer, einsam, verlassen vor.

Eigentlich weiß ich überhaupt nicht,
was mich hier zu dieser Krippe getrieben hat.
Ich hab's nicht mit Kirche und all dem frommen
Zeug, konnte dem nie etwas abgewinnen.
Auf einmal bin ich hier gelandet,
an der Krippe mit den Schafen und Hirten,
mit der Frau und diesem Kind, das in die Welt
strahlt, als wenn es dazu irgendeinen Grund gäbe.

Du Kind in der Krippe.
Ich schaue dich an und du schaust mich an.
Einfach nur an.
Mehr nicht.
Antworte mir! Fülle mich neu!
Ich habe nichts mehr, nichts,
was ich dir bieten könnte.
Meine Hände sind leer. Mein Herz ist leer.
Mein Kopf weiß nicht mehr, wo er dran ist.
Sprich zu mir,
auch wenn ich keine Worte habe zu antworten.
Fülle mich, fülle die Leere in mir!

Gib mir Luft, genug Luft zum Atmen,
schenk mir Ideen, hilf mir,
ein neues Lied für mein Leben zu finden.
Du bist die Quelle.
Lehre mich wieder trinken.

Ich spüre es:

Du bist wie ein Brunnen,
der nie versiegt, nie leer wird,
lass mich schöpfen,
auch wenn ich nicht weiß wie.
Ich habe nichts,
nur die Leere in mir,
aber vielleicht genügt es dir.
Du erwartest nichts von mir.
Ich brauche nichts tun,
nichts leisten, nichts vorweisen.
Es genügt dir,
dass ich da bin, bei dir,
mit leeren Händen,
aber mit offenem Herzen.

SUCHEN UND FINDEN

Ich ließ mich fragen von denen,
die nicht nach mir verlangten;
ich ließ mich finden von denen,
die mich nicht suchten.
Ich sprach: Hier bin ich, hier bin
ich! zu einem Volk, das meinen
Namen nicht mehr anrief.

Jes 65,1

GEDANKEN EINES KAMELTREIBERS

Mein ganzes Leben lang habe ich das Gleiche getan. Ich war Stallknecht, zuständig für die Kamele der hohen Herrschaften, als Sklave geboren. Ich kenne nichts anderes. Mein Stirnband weist mich als Leibeigener aus. Oft schon habe ich mich gefragt, was mein Leben überhaupt für einen Sinn hat. Tagein, tagaus immer das Gleiche: Kamele tränken, füttern, zur Raison bringen. Die Ställe ausmisten, frisches Stroh nachlegen, Satteldecken flicken. Was für ein Leben!

Vom Sonnenaufgang bis zum Sonnenuntergang immer dasselbe und immer nur mit diesen Viechern beschäftigt, ihrem Gestank und widerlichen Geschrei ausgesetzt. Wenn Rennen veranstaltet werden, bin ich für alles verantwortlich, was nicht gut läuft, wenn sie keine Preise machen und so. Was hat mein Leben schon für einen Sinn? Gibt es überhaupt einen Sinn?

Was meine Herren, die Sterndeuter, am Himmel sehen, kann ich nicht nachvollziehen. Ich habe es zu verstehen versucht, aber nichts gefunden, wofür sich zu leben lohnt. Und da kommt plötzlich dieser Befehl zum Aufbruch in ein fernes Land. Überstürzt und wie über Nacht habe ich packen müssen, die besten Kamele aussuchen. Eine Karawane durch die Wüste sollte ich in Windeseile zusammenstellen. Und nun sind sie bei diesem Stall angekommen. Ist das alles? Ein Kind in einer Futterkrippe, lauter ärmliche Leute. Ob sich meine Herrschaft da nicht vertan hat?

Jetzt fällt mein Blick auf den kleinen Jungen mit dem großen Hund. Eigenartig, er hält ihn nicht an einer Leine. Was will so ein Kleiner hier mitten in der Nacht? Ich raune zu ihm herüber: „He, Kleiner, was machst du hier, mitten in der Nacht?" – „Ich schaue!" – „Und was schaust du?" Es kommt keine Antwort. Jetzt sehe ich es. Es stimmt: Der Junge hat wie die Frau mit dem Mädchen weit aufgerissene Augen. Sie schauen alle in die gleiche Richtung. Sonst sagt man: „Ich bin ganz Ohr!", wenn man jemandem intensiv zuhören will. Aber hier ist es anders. Diese Leute machen den Eindruck, als wären sie „ganz Auge". Bei allen sind die Augen am auffälligsten. Der ganze Mensch ein Schauender, denke ich, Seher, wie meine Herrschaft, aber sie starren nicht in den Sternenhimmel. Sie schauen auf dieses Kind. „Warum führst du einen so großen Hund nicht an der Leine?", beginne ich erneut das Gespräch mit dem Jungen. „Er folgt mir auch so!" Dann macht er eine lange Pause und

ergänzt: „Aber dieses Mal bin ich ihm gefolgt. Er hat eine gute
Spürnase und hat es gefunden." Pause.

„Die Hirten wollten mir nicht glauben, was der Engel verkündet
hat: ‚Ihr werdet ein Kind finden, das, in Windeln gewickelt, in
einer Krippe liegt.' Sie meinten, ich hätte das geträumt. Ich solle
mich wieder schlafen legen. Aber ich konnte gar nicht mehr
schlafen, habe mich gleich auf die Suche begeben und Bella hat
ihn gefunden." – „Du hast Mut, kleiner Mann!" – „Ich habe
mich gesehnt, dabei zu sein, wenn dieses Kind zur Welt kommt
und ich habe es gefunden. Schau! Es lächelt uns an!"
Nun hebt er die Hand und weist auf das Kind in der Krippe:
„Das ist unser Messias, der Erlöser der Welt, weißt du!" –
„Was redest du da?"
Doch dann verstumme ich, bleibe stehen, schaue in die
Richtung, in die der Junge weist. Es verschlägt mir die Sprache.
Was für ein Kind!, denke ich. Es liegt eng gewickelt in einer
Futterkrippe, in solcher Armut und kann sich nicht rühren.
Aber es öffnet seine Arme weit, wie erlöst. „So frei wie dieses
Kind müsste man sein. Das machte Sinn!",
überkommt es mich. „Er ist gekommen,
um uns frei zu machen", sagt der Junge.
„Ach, Junge, du weißt nicht, wovon du
redest. Ich bin ein Sklave. Ich werde nie frei
sein, und weglaufen kann ich nicht." – „Er schenkt
eine Freiheit, die uns niemand nehmen kann." Ein so
kleiner Kerl und so eine feste Überzeugung!
Wie kommt er nur dazu?
„Komm mit, schau ihn an. Bleib hier, bei ihm. Er macht uns frei.

Dazu ist er gekommen." – „Woher weißt du das?" – „Ich weiß es halt." Jetzt habe ich die Krippe fast erreicht. Ich muss achtgeben, das Kamel war so unruhig. Da kommt mir der Gedanke: Ich tue es dem Jungen gleich. Ich löse den festen Griff vom Strick, der das Kamel hält. Ich lasse die Zügel einfach los und siehe da, das Tier wird ganz ruhig.

„Man muss loslassen können, um frei zu werden", flüstert der Junge vor sich hin, ohne mich anzuschauen, den Blick unentwegt in die gleiche Richtung gewandt. Loslassen. Nun trete ich auf das Kind zu. „Bist du der Messias? Erlöser? Befreier?" Das Kind schweigt. Natürlich schweigt es. Es ist viel zu klein, um sprechen zu können. Aber seine Augen, seine Hände sprechen. Ich falle unwillkürlich auf die Knie, ohne es recht zu wollen.

„Erlöse mich!", kommt es über meine Lippen, ohne dass ich das vorgehabt hätte. Und es wird still in mir, unsagbar still. Mir ist, als wenn ich gefunden hätte, wonach ich lange gesucht, auch wenn mir dazu die Worte fehlen. Wie gut, dass ich diese Reise mitmachen konnte. Jetzt schaut der Junge zum ersten Mal zu mir herüber: „Weißt du, was die größte Sünde ist?", fragt er. „Mord!?"– „Nein."– „Ehebruch!?" – „Nein!
Dieses Kind gefunden zu haben und es nicht weiterzusagen."

„Wir wollen wieder hoffen lernen."

J. Kentenich

Wenn wir über die Weihnachtsszene nachdenken, sind wir eingeladen, uns geistlich auf den
Weg zu machen, uns anziehen zu
lassen von der Demut des Einen,
der Mensch wurde, um jedem
Menschen zu begegnen.
Und wir entdecken, dass er uns
so sehr liebt, dass er sich mit uns
vereint, damit auch wir uns mit
ihm vereinen können.

Papst Franziskus

ZWEIFEL UND GLAUBE

Während er noch darüber nachdachte,
erschien ihm ein Engel des Herrn im
Traum und sprach zu ihm: Josef, Sohn
Davids, scheu dich nicht, Maria, deine
Frau, zu dir zu nehmen; denn was sie
empfangen hat, ist aus heiligem Geist ...
Als nun Josef vom Schlaf erwachte, tat er,
wie der Engel des Herrn ihm aufgetragen
hatte, und nahm seine Frau zu sich.

Mt 1,19-20, 24

Josef trug in seinem Herzen das
große Geheimnis, das Jesus und
Maria, seine Verlobte, umgab, und
als gerechter Mann vertraute er sich
immer dem Willen Gottes an und
setzte ihn in die Tat um.

Papst Franziskus

JOSEFS GEHEIMNIS

Was für eine Nacht. Josef spürt die Kälte nicht mehr, nicht die geringste Widerwärtigkeit. Gar nichts. Noch immer ist er wie benommen. Viele Gedanken und Erinnerungen steigen in ihm auf: So hatte ich mir das eigentlich nicht vorgestellt. Manche Menschen kommen in armen Verhältnissen zur Welt, aber ausgerechnet dieses Kind – in einem Stall?

Mein Gott, du verlangst schon viel von mir! Ich wollte alles schön herrichten für Maria und das Kind. Schließlich bin ich Zimmermann! Habe uns ein kleines, aber doch recht schönes Haus gebaut in Nazaret, die Wiege selbst gezimmert. Maria hat die Decken gewebt. Wir haben uns auf dieses Kind gefreut. Dann dieser plötzliche Aufruf zur Volkszählung, der lange Marsch und die verzweifelte Suche nach einer Herberge. Schließlich sind wir hier gelandet. Ich hätte Maria und dem Kind das hier gern erspart.

Wenn ich zurückdenke: Es erschüttert mich noch immer, wie ich zum ersten Mal deinen Herzschlag hören durfte. Mein Gott! Du hast ein Herz, das schlägt wie das unsere. Ich lauschte – und mein Herz wurde geheilt. Es war damals, als Maria aus dem Bergland von Judäa zurückkehrte. Wie sollte ich all das verstehen, was da passiert war? Man kann doch nicht seinen normalen Menschenverstand einfach ausblenden als gäbe es ihn nicht. Ich sah, dass Maria, meine Verlobte, die ich so sehr liebte, schwanger war. Aber nicht von mir. Wer hatte ihr das angetan?

Ich kenne sie seit langem. Hatte mich Jahre zuvor schon öfter hinter den Büschen versteckt, als sie zum Brunnen kam, um

Wasser zu holen. Sie war so anders als alle jungen Frauen, die ich kannte. Sie hat mich fasziniert, ja bezaubert – von Anfang an. Maria war kein gewöhnliches Mädchen. Das spürte jeder, der in ihre Nähe kam. Und doch war sie so schlicht, so froh, redete gern mit jedem, hatte für jeden Zeit und half, wo immer sie gebraucht wurde. Ich konnte mein Glück damals kaum fassen, als sie meinen Heiratsantrag angenommen hatte. Und nun kam sie von Judäa zurück – was war da passiert?

Ich konnte mir das nicht erklären. So etwas würde sie mir doch nicht antun!
Ich war tief getroffen. Aber sie schwieg sich aus.
Mir war klar, was mit solchen Frauen geschieht. Und ich liebte sie doch, wollte sie nicht bloßstellen, sie nicht dem Urteil der Steinigung preisgeben.
Jeder kennt mich als aufrechten, gerechten Mann. Ich könnte nicht leben mit einem „so tun, als ob", könnte das Kind nicht einfach als das Meine ausgeben. Das wäre eine Lüge gewesen! Deswegen sah ich nur die eine Lösung: Ich wollte mich in aller Stille von ihr trennen, sie heimlich entlassen. Aber allein der Gedanke, sie zu verlieren, brach mir das Herz.

Ach mein Kind, mein Sohn, allgütige Majestät, verzeih mir! Ich habe gezweifelt – an dir, meinem Gott, gezweifelt. Weißt Du, ich hatte nichts begriffen. Sonst hätte ich mich doch an das Wort der Schrift erinnern müssen: „Siehe, die Jungfrau hat empfangen, sie gebiert einen Sohn" (Jes 7,14). Dann hätte ich vielleicht geahnt, was hier geschehen war. Aber es war so unfassbar!

Erst in der Nacht, als du mir den Engel geschickt hast, da, als ich erwachte, wurde mir nach und nach bewusst, was an Maria geschehen war.

Mein Gott, du allein bist Vater dieses Kindes. Was hast du mir damit anvertraut!

Gleich am Morgen ging ich zu Maria. Ich fühlte mich so schuldig. Was musste sie in den letzten Wochen durchgemacht haben! Wer würde ihr Glauben schenken? Sie war so zart, so zerbrechlich und doch so stark: Sie schwieg. Wie hätte sie ein solches Geheimnis auch jemand erklären können? Das Herz schlug mir bis zum Hals, als ich an ihre Tür klopfte. Es dauerte einen Moment – dann ging langsam die Tür auf. Da stand sie und sagte nichts und ich sagte auch nichts. Sie schaute mich nur an.
Sie ahnte, dass ich es nun wusste. Mir kamen die Tränen – ihr auch.
Und dann streckte sie mir ihre Hand entgegen. Ich nahm sie.
Alle Zweifel fielen von mir ab. Ich wusste nicht, wie alles gehen würde, aber eines wusste ich: Deine Liebe zu uns Menschen ist ohne Maß – überschreitet alles!
Nun bist du da – hier vor mir.

Du bist nicht irgendein Kind. Du bist Gott. So nah willst du uns sein! Du, liegst da – vor mir: klein, schwach, hilflos, mit solch zarten, winzigen Fingern.

Ein Gott, der Augen hat, strahlende Kinderaugen!
Offen und voll Liebe schaust du in die Welt. Du hast
Ohren, um uns zu hören, um die Geräusche der Welt,
meiner Welt, in dich aufzunehmen.

Du schaust mich an und ich schaue dich an
– ich könnte immerfort schauen
und nicht aufhören zu staunen.
Du bist da.
Ich durfte das Wunder miterleben.
In dieser Nacht durfte ich als Einziger Zeuge sein
von diesem unfassbaren Wunder!

Ja, deine Geburt ist wie deine Empfängnis
ein unvergleichliches Wunder,
wie nur der Schöpfer des Alls,
dem alle Naturgesetze unterworfen sind,
es vollbringen konnte.
Es macht diese Nacht heilig,
wie keine zweite auf der Welt.
Kind – mein Gott –– ich danke dir!

Kind, göttliches Kind in der Krippe!

Hilf mir zum Glauben zu finden.

Schenk mir die Einsicht.

Ich brauche meinen Verstand nicht auszublenden,

brauche ihn nur erleuchten zu lassen

von deinem Glauben,

der mich die Welt, mein Leben

in anderen Dimensionen sehen lässt!

Schenk mir diese Kraft für mein Leben:

glauben zu können.

Hilf mir, im Zweifel nicht aufzugeben,

den Glauben an die wahre Liebe nie zu verlieren.

Denn es gibt sie, auch in meinem Leben!

„Wer Vertrauen hat,
hat alles!"

J. Kentenicl

ERWÄHLT – ERGRIFFEN – ERLEUCHTET

Er trat bei ihr ein und sagte:
Sei gegrüßt, du Begnadete,
der Herr ist mit dir.

Er trat bei ihr ein und sagte: Sei gegrüßt,
du Begnadete, der Herr ist mit dir.
Sie erschrak über das Wort und sann nach,
was dieser Gruß bedeuten solle.
Der Engel sagte zu ihr: Fürchte dich nicht, Maria;
denn du hast bei Gott Gnade gefunden.
Du wirst ein Kind empfangen, einen Sohn wirst du
gebären; ihm sollst du den Namen Jesus geben.
Er wird groß sein und Sohn des Höchsten
genannt werden. Gott, der Herr, wird ihm den Thron
seines Vaters David geben.
... Maria sagte zu dem Engel: Wie soll dies geschehen,
da ich keinen Mann erkenne?
Der Engel antwortete ihr:
Heiliger Geist wird über dich kommen und
Kraft des Höchsten wird dich überschatten.
Deshalb wird auch das Kind heilig und
Sohn Gottes genannt werden.
Auch Elisabet, deine Verwandte, hat noch einen Sohn
empfangen in ihrem Alter und dies ist schon
der sechste Monat für sie, die als unfruchtbar galt.
Denn für Gott ist nichts unmöglich.
Da sagte Maria:
Ich bin die Magd des Herrn;
mir geschehe nach deinem Wort.

Lk 1,28-38

Sie hatte sich zu ihrem Kind gekniet.
In Gedanken beginnt sie zu ihm zu sprechen:

„Ich fasse es nicht … all das, was geschehen ist:
die vergangenen Monate,
in denen ich dich in mir tragen durfte,
und du nur mir allein gehörtest.
Dann der schwere Weg hierher
und schließlich diese Nacht.
Welch eine Nacht!

Nun bist du da – in dieser Welt.
Einfach nur als *Kind.*
Du bist so ein Wunder!
‚Sohn des Höchsten‘, hat der Engel dich genannt.
Jesus sollst du heißen, hat er gesagt: Gott wird retten.
Was für ein Name! Was für eine Verheißung!
Du bist da, die Welt zu retten.

Aber wie wird das geschehen?
Du wirst groß sein, sagte der Engel.
Und jetzt bist du in solch eine Armut geboren,
liegst in einer Krippe mit Heu für die Tiere?!
Wie gern hätte ich dir das alles erspart.
Es tut mir so leid,
dass ich dir nicht einmal ein Daheim bieten kann,
wo es sauber und ruhig ist.
Doch das war alles nicht vorauszusehen, weißt du …“

„*Du* bist mein Daheim!"

„Mein Jesus. Du sprichst zu mir?!"

„In dir finde ich, was ich verlassen habe.
Erinnerst du dich? Voll der Gnade, hat dich der Engel genannt.
Der Geist meines Vaters wohnt in dir.
Seine Liebe erfüllt dich ganz.
Wann immer ich dich anschaue, werde ich an IHN erinnert.
Du bist so schön! Von innen her schön!
Ein Stück Himmel, das ich sonst auf Erden nirgends finden kann."

„Ach, Kind, ich will dir eine gute Mutter sein!"

„Du wirst mir mehr sein als das.
Mir viel mehr geben als ein ruhiges und schönes Zuhause.
Du wirst mich zwar in diese Welt einführen, mich erziehen,
aber du wirst auch die schwersten Wege mit mir gehen."

„Werde ich stark genug sein?!"

„Das wirst du! Ich werde dich vorbereiten.
Es wird nicht leicht für dich werden,
aber alles Leid wird dein Herz weiten:
Du wirst ein Daheim für viele werden.
Mutter! Wenn du dein Ja nicht zurücknimmst,
das Leid nicht von dir weist,
wird dein Herz jeden verstehen."

„Mein Gott. Mir geschehe, wie du es gesagt hast!"

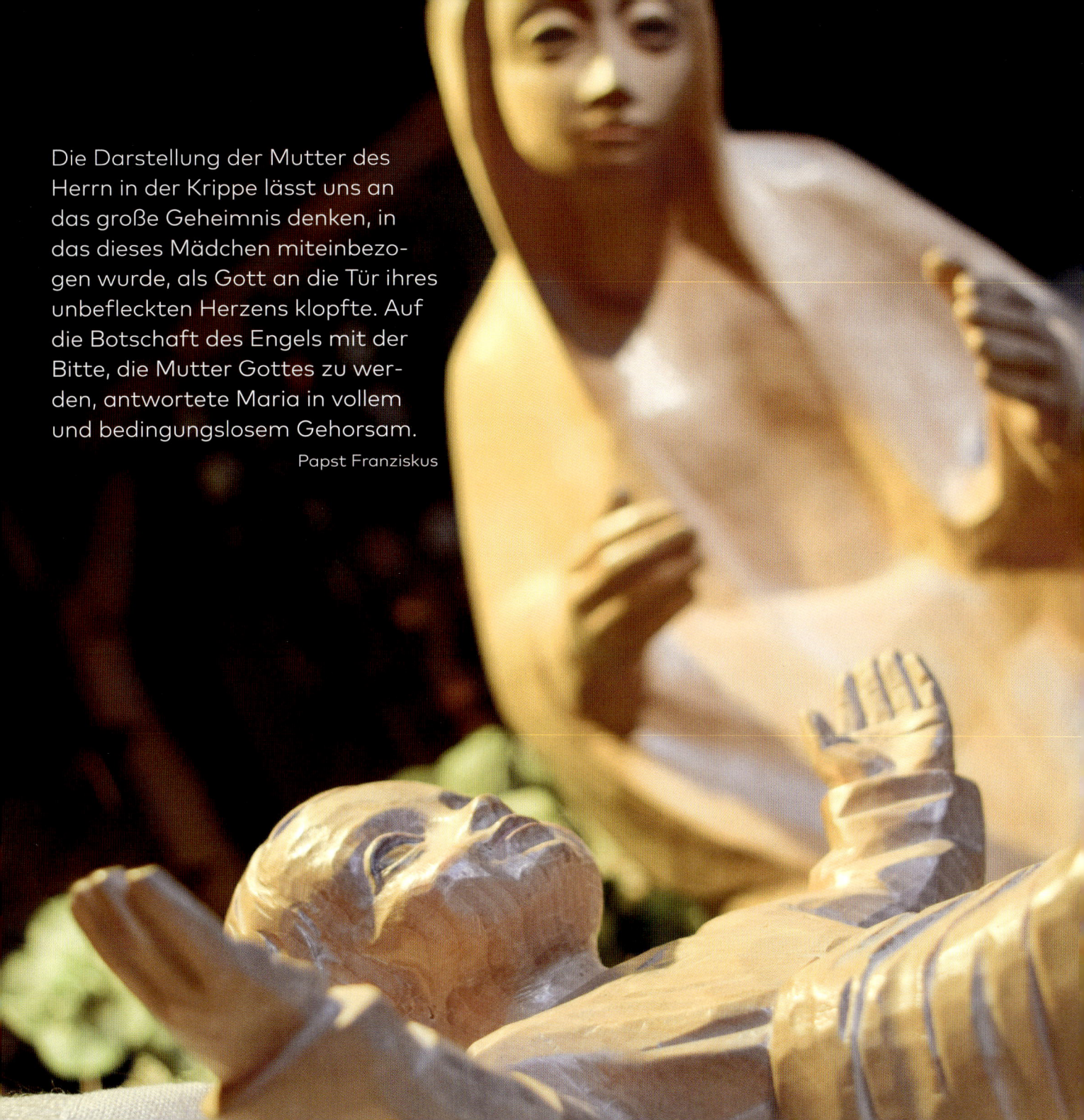

Die Darstellung der Mutter des
Herrn in der Krippe lässt uns an
das große Geheimnis denken, in
das dieses Mädchen miteinbezo-
gen wurde, als Gott an die Tür ihres
unbefleckten Herzens klopfte. Auf
die Botschaft des Engels mit der
Bitte, die Mutter Gottes zu werden, antwortete Maria in vollem
und bedingungslosem Gehorsam.

Papst Franziskus

UNS GEBOREN – UNS GESCHENKT

Denn ein Kind ist uns geboren,
ein Sohn ist uns geschenkt.

Gott zeigt sich so, in einem Kind, um sich von uns in die Arme schließen zu lassen. In der Schwachheit und Zerbrechlichkeit verbirgt es seine alles erschaffende und verwandelnde Kraft. Es scheint unmöglich, doch so ist es: In Jesus war Gott ein Kind und in dieser Gestalt wollte er die Größe seiner Liebe offenbaren, die sich in einem Lächeln zeigt, und wenn es jedem seine Hände entgegenstreckt.

Papst Franziskus

Ja, ich bin gekommen –
zu dir, in dein Leben hinein.
Es ist wahr:
Ich bin gekommen mit leeren Händen,
aber mit weit geöffneten Armen,
die ganze Welt soll darin Platz haben.

Ich will dich umarmen.
Meine Liebe ist auch für dich.
Du glaubst das nicht?
Du meinst, du wärst jemand,
dem man nicht verzeihen kann?
Du täuschst dich!
Ich kann verzeihen – jedem.
Dazu bin ich in die Welt gekommen.

Du genierst dich wegen deiner Taten,
deiner Worte, deines Lebenswandels?
Du bist nicht fromm, sagst du.
Das macht nichts:
Alle dürfen zu mir kommen!
Meine Arme schließen niemanden aus.

Du sagst, du bist nicht gläubig?
Ich verstehe.
Wir brauchen uns ja auch nur
anzuschauen – kurz – einen Augenblick,
nur ein kurzer Blick unserer Augen.
Dann kannst du wieder gehen.
Aber eine Spur davon wird in dir bleiben.
Und wenn du bleiben willst,
lade ich dich ein, einzutauchen
in das Geheimnis meiner – und deiner – Weihnacht,
das Geheimnis vor Gott Kind zu werden.

„Warum?", fragst du.
Weißt du nicht, was es heißt, ein Kind zu sein?
Nichts wird dich mehr befreien
und glücklicher machen.
Lass dich fallen.
Sei ohne Angst.
Bei mir brauchst du keine Maske tragen,
keine Rolle spielen.
Sei du,
klein, schwach, begrenzt und hilflos –
so wie ich.

Du leidest, sagst du,
du verstehst Gott nicht,
warum er Leid und Bosheit zulässt,
warum er nicht eingreift?
Aber schau, meine Hände sind nicht geschaffen
fürs Eingreifen, Zupacken, gewaltsam in die Hand nehmen.
Sie sind nur geeignet zu umarmen,
aufzunehmen, zu tragen – auch dich.

Ich nehme nicht zurück,
was ich dir zum Geschenk gemacht habe:
deine Freiheit. Sie gehört dir.
Ich bin gekommen, damit du das Leben hast
und es in seiner ganzen Fülle hast.
Damit du zur Fülle der Liebe kommen kannst.
Ich will dir zeigen, was Lieben heißt.
Noch einmal werde ich meine Arme ausbreiten,
später, am Kreuz:
für dich!

Ich kann dich nur einladen. Folge mir.
Lebe aus meiner Liebe.
Mehr kann ich nicht.
Vertrau mir!

„Ich glaube, o Gott,

obwohl du mir in der Kindesgestalt begegnest.

Ich glaube, weil deine Liebe dieses Geheimnis ersonnen hat.

Und nur deine Liebe, die so unendlich groß ist,

konnte solch unbegreifliche Dinge tun ...

Ich will all mein Leid, all meine Schuld

in das Herz dieses kleinen Kindes hineingießen.

Künftig bin ich dann nicht mehr allein.

Nicht ich trage mich, das Kind trägt mich."

J. Kentenich

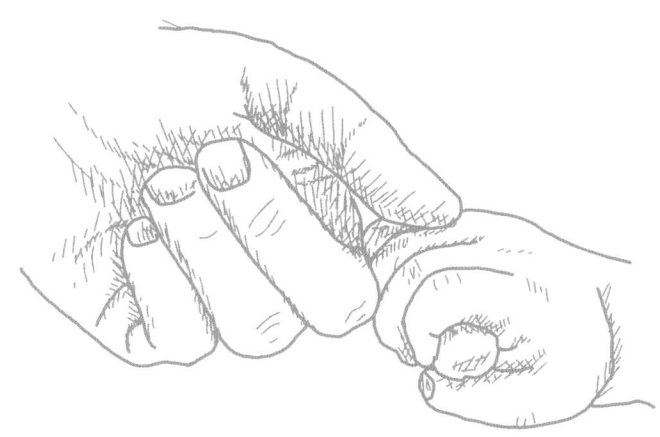

TRAUER UND FREUDE

In derselben Gegend waren Hirten
auf dem Feld, die bei ihrer Herde
Nachtwache hielten. ... Der Engel aber
sagte zu ihnen: Fürchtet euch nicht!
Denn ich verkünde euch eine große
Freude, die dem ganzen Volk zuteil
werden soll. Heute ist euch in der
Stadt Davids der Retter geboren,
nämlich der Messias, der Herr.

Lk 2,9-11

VON AARON,
DEM HIRTENJUNGEN

Aaron hatte wenig Schönes in seinem jungen Leben
erfahren. Als er noch klein war, starben seine Eltern
am Aussatz. Man hatte sie außerhalb der Stadt in die
Höhlen der Berge vertrieben. Ein elendes Leben.
Dass er überhaupt überlebt hatte und geheilt worden
war, war ein Wunder, wenn ihm auch seither erheb-
liche Narben und ein lahmendes Bein als Andenken
geblieben waren. „Hinkefuß" hänselten sie ihn seither.
Er blieb ein Ausgestoßener.
Zwar hatten die Hirten ihn aufgenommen, aber der
Rest der Menschen mied ihn. Auf dem Feld lebten
sie als Schafhirten ohnehin am Rand der Gesellschaft.
„Selber schuld!", sagten die Leute aus der Davidsstadt.
„Wer sich anstrengt, erreicht auch was im Leben!"
Aber das stimmte nicht. Er war so früh schon in
dieses Elend geboren. Er hatte es sich nicht aussuchen
können.
Das Leben auf dem Feld war rau und ärmlich. Die
Hirten hatten gerade genug, um zu überleben, mehr
aber auch nicht. „Aaron, wo bleibst du denn? Was
trödelst du schon wieder?" Man trieb ihn an, stieß
ihn, hänselte ihn. „Ach, der ist doch zu nichts zu
gebrauchen, der Hinkefuß! Da! Spiel wenigstens die
Flöte, dass die Herde ruhig bleibt. Das vertreibt die
Wölfe." So war er an den einzigen Besitz gekommen,
den er je hatte, etwas, das wirklich ihm allein gehörte:
die Flöte.

Die Hirten liebten seine traurigen Lieder und doch war er nur geduldet. Wenn er nicht alle ihre Wünsche erfüllen würde, wäre er sicher nicht mehr bei ihnen. Humpelnd schleppte er die schweren Wasserkrüge herbei, sodass sein Rücken schon ganz krumm geworden war. Oft dachte er an seine Eltern, die er sehr vermisste. Wie sehr hatten sie ihn ersehnt, ihren Erstgeborenen, das einzige Kind, das Gott ihnen geschenkt hatte. Der Tuchhandel des Vaters war gut gelaufen. Sie waren vermögend und angesehen gewesen, bis der Vater eines Tages von einer Handelsreise in die arabische Wüste diese schreckliche Krankheit mitgebracht hatte und sie alle ansteckte. Hals über Kopf hatten sie alles verlassen müssen, was ihnen lieb und teuer war.

Warum gerade ich? Warum hat mich der Zorn Gottes getroffen? Ich habe nichts getan, was so eine Strafe verdiente! Wann immer ihn in der Nacht düstere Gedanken überfielen, haderte er mit Gott. Tiefe Bitterkeit hatte sein Herz vergiftet. Er traute niemandem mehr, weder Adonai, der ihn im Stich gelassen hatte, noch den Menschen, die ihn tagtäglich ihre Bosheit und Ablehnung spüren ließen. Nur seine Flöte: Sie war sein Ein und Alles. Nachts, wenn er am Lagerfeuer spielte, überkam ihn die heimliche Sehnsucht, nur ein einziges Mal in seinem Leben wieder lachen zu können.

Und dann kam jene Nacht.

Er hatte wieder Nachtwache, deshalb erblickte er die helle Erscheinung am Himmel zuerst. Die andern glaubten ihm nicht, als er sie weckte, doch dann hörten alle die Botschaft des Engels.

„Ich gehe hin!", stieß er entschieden hervor.

„Du bleibst hier, Hinkefuß! Einer muss bei den Tieren bleiben! Wir gehen hin und schauen." – „Ich gehe hin! Den Schafen wird nichts geschehen." Noch ehe sie ihn aufhalten konnten, war er schneller als erwartet losgehumpelt. „Schaut euch das an, was der auf einmal rennen kann!"

Sein Herz war über die Jahre hart geworden wie ein Stein, aber seine Beine schienen auf einmal Flügel zu haben. Das Kind – wenn es tatsächlich der Messias ist, dann muss ich ihn sehen. Ich werde ihn fragen, warum Gott mir alles genommen hat, was ich je liebte. Ich werde den Schmerz hinausschreien in die Nacht, die in meinem Leben nie ein Ende genommen hat.

Nun hatte er den Stall erreicht, stand vor der Krippe, von der der Engel gesprochen hatte, und hielt inne. Noch ehe er herausbrachte, was er endlich loswerden wollte, sprach das Kind ihn an:

„Gut, dass du gekommen bist! Ich habe auf dich gewartet!"

„Warum? Weißt du nicht, was ich dir klagen will?!"

„O doch, auch das habe ich erwartet."

„Wie? Und dann liegst du einfach da und lächelst? Willst du mich auch verhöhnen?"

„Keineswegs!"

„Warum hat Gott mir all das angetan? Warum nimmt er den einen alles und gibt den andern in Hülle und Fülle?"

„Gott nimmt nur, um noch mehr zu geben!"

„Davon merke ich aber nichts."

„Komm näher, Aaron! Schau mich an!"

„Ich kann nicht!"

„Dann schau dich um. Deinetwegen habe ich den Stall gewählt, die Kälte der Nacht, die Armut der Krippe. Um deinetwillen."

„Das versteh ich nicht!"

„Weil ich alles Leid mit dir teilen will!"

„Aber du hast Eltern, eine Familie, ich habe nichts."

„Ich werde dir alles sein!"

„Wie das?"

„Spiel für mich! Du hast die Flöte doch dabei."

„Ich spiele nur traurige Lieder. Ich habe keine andern in mir."

„Dann spiel die traurigen Lieder für mich."

Und Aaron begann zu spielen. All seinen Schmerz legte er in die Melancholie des Flötenspiels. Es klang leise, fast zart durch die Nacht, die so anders war als alle Nächte zuvor. Er spielte, als wenn seine Seele zum ersten Mal Gelegenheit hätte, von all dem zu erzählen, was sein junges Leben verfinstert hatte.

„Schön!", sagte das Kind. „Danke, dass du mir das geschenkt hast."

„Ich habe dir nichts geschenkt. Ich schulde dir nichts. Ich wollte es herausschreien, jetzt habe ich es herausgespielt."

„Aber ich schulde dir dafür etwas. Ich werde dich beschenken. Fortan nehme ich alle Traurigkeit von dir. Du sollst ein

110

Sonnenkind werden, ein Kind, das unter Tränen zu lächeln lernt, ein Kind, dass gerade deswegen für andere zum Sonnenschein wird, weil es so viel gelitten hat."

„Wie meinst du das?"

„Nimm die Flöte noch einmal. Dann werde ich spielen, in dir – ein neues Lied – nur für dich. Nimm sie!"

Aaron schaute ihn ungläubig an, doch dann führte er die Flöte an seine Lippen. Er neigte sich vor, wie er es immer tat, wenn er sich besonders anstrengte und füllte die Backen mit Luft. Den kranken Fuß stellte er vor, wie so oft, wenn er konzentriert spielte. Ohne dass er wusste, wie ihm geschah, kamen zum ersten Mal Töne aus seiner Flöte, die tief in seiner Seele lange geschwiegen hatten, die er nicht zugelassen hatte, vor lauter Angst, sie könnten ihm zerbrechen, jemand könnte kommen, sie wieder zu zerstören. Es kamen zum ersten Mal Töne der Freude. Und als er zu Ende gespielt hatte, lächelte nicht nur das Kind …

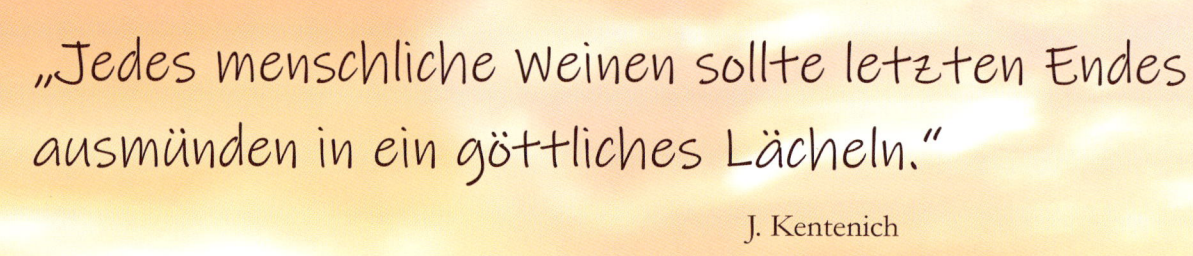

„Jedes menschliche Weinen sollte letzten Endes
ausmünden in ein göttliches Lächeln."

J. Kentenich

TRAGEN UND GETRAGENWERDE

Denn was ihnen noch nie
verkündet wurde, sehen sie,
und was sie niemals
gehört haben, vernehmen sie.

Jes 52,15

EPHRAIM UND GIDEON

„He, Ephraim, was hast du dich denn mitten in der Nacht noch auf den Weg gemacht?" – „Ah, du bist es, Gideon. Ich will zu dem Stall, von dem der Mann im weißen Gewand gesprochen hat. Eigentlich wollte ich mich nur bei den Hirten am Feuer etwas aufwärmen. Da kam diese himmlische Erscheinung. Das hättest du sehen müssen! Hell wie am Tag war es auf einmal. Aber du! Wo warst du? Du gehörst doch zu ihnen?" – „Es fehlte ein Schaf. Es hatte sich im Dorngestrüpp verfangen." – „Weißt du, Gideon. Ich will ihn einmal sehen, bevor ich sterbe." – „Wen?" –

„Na, den Messias. Es ist doch der Messias geboren. Sie sagen: in einem Stall. Stell dir das vor! – Und dann kann ich die Augen für immer schließen." – „Wieso willst du schon sterben?" – „Weil ich alt bin!" – „Ja und? Das werden wir alle. Das ist doch kein Grund?" – „Man kann mich zu nichts mehr brauchen." – „Aber du warst ein großartiger Zimmermann. Deine Tische und Bänke sind Meisterwerke geworden, bis heute weit und breit bekannt." – „Das war einmal. Heute kann ich nichts mehr, bin zittrig und kann keinen Hobel mehr halten. Meine Augen treffen das Maß nicht mehr und beim langen Stehen an der Werkbank wollen die Beine nicht mehr. Ich vergesse, wem ich schon geliefert habe oder wer was bestellt hat. Ich will niemand mehr zur Last fallen, verstehst du!" – „Aber das Alter gehört zum Leben. Für unsere Alten werden wir wohl noch Platz haben!" – „Das sagst du! Aber die meisten denken anders." – „Komm zu uns aufs Feld, zu den Schafen. Für dich haben wir auch noch Brot!" – „Aber was macht ihr mit mir, wenn mein Geist nachlässt, ich verwirrt werde, dummes Zeug rede, euch weglaufe und ihr müsst statt der Schafe mich suchen? Was hat das alles noch für einen Sinn?" – „Und warum bist du hier?" - „Ich will nur einmal den Erlöser sehen! Vielleicht hat er einen letzten Trost für mich." – „Wenn das wahr ist, was du sagst, dann hat er das sicher. Warte, ich gehe mit." –

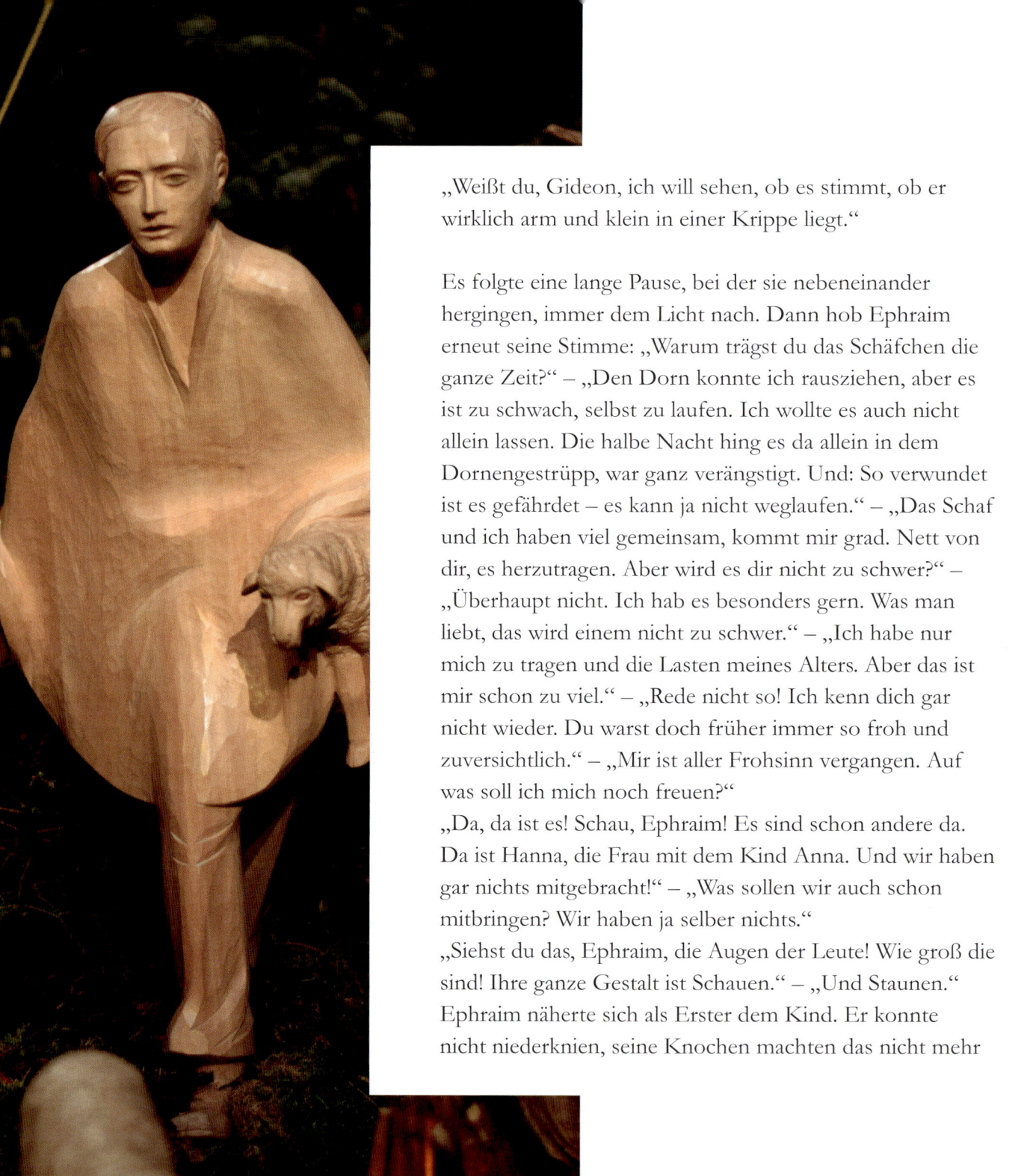

„Weißt du, Gideon, ich will sehen, ob es stimmt, ob er wirklich arm und klein in einer Krippe liegt."

Es folgte eine lange Pause, bei der sie nebeneinander hergingen, immer dem Licht nach. Dann hob Ephraim erneut seine Stimme: „Warum trägst du das Schäfchen die ganze Zeit?" – „Den Dorn konnte ich rausziehen, aber es ist zu schwach, selbst zu laufen. Ich wollte es auch nicht allein lassen. Die halbe Nacht hing es da allein in dem Dornengestrüpp, war ganz verängstigt. Und: So verwundet ist es gefährdet – es kann ja nicht weglaufen." – „Das Schaf und ich haben viel gemeinsam, kommt mir grad. Nett von dir, es herzutragen. Aber wird es dir nicht zu schwer?" – „Überhaupt nicht. Ich hab es besonders gern. Was man liebt, das wird einem nicht zu schwer." – „Ich habe nur mich zu tragen und die Lasten meines Alters. Aber das ist mir schon zu viel." – „Rede nicht so! Ich kenn dich gar nicht wieder. Du warst doch früher immer so froh und zuversichtlich." – „Mir ist aller Frohsinn vergangen. Auf was soll ich mich noch freuen?"

„Da, da ist es! Schau, Ephraim! Es sind schon andere da. Da ist Hanna, die Frau mit dem Kind Anna. Und wir haben gar nichts mitgebracht!" – „Was sollen wir auch schon mitbringen? Wir haben ja selber nichts."

„Siehst du das, Ephraim, die Augen der Leute! Wie groß die sind! Ihre ganze Gestalt ist Schauen." – „Und Staunen." Ephraim näherte sich als Erster dem Kind. Er konnte nicht niederknien, seine Knochen machten das nicht mehr mit. Er verbeugte sich nur leicht. Er wusste auch nicht, was er sagen sollte. Wie redete man einen so kleinen König an? Auf einmal, er wusste nicht wie ihm geschah, weiteten sich seine Augen, nein, er riss sie sogar weit auf. Eine dunkle Tiefe trat in seine Augen. So gut und scharf hatte er lang nicht mehr sehen können.

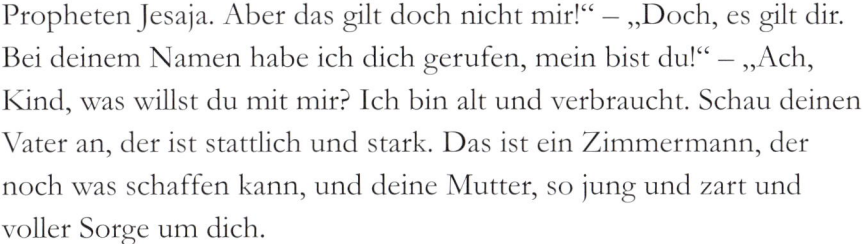

„Ephraim!" – „Woher weißt du meinen Namen?" – „Hast du es nie in der Schrift gelesen: Bei deinem Namen habe ich dich gerufen!" – „Ja, doch, beim Propheten Jesaja. Aber das gilt doch nicht mir!" – „Doch, es gilt dir. Bei deinem Namen habe ich dich gerufen, mein bist du!" – „Ach, Kind, was willst du mit mir? Ich bin alt und verbraucht. Schau deinen Vater an, der ist stattlich und stark. Das ist ein Zimmermann, der noch was schaffen kann, und deine Mutter, so jung und zart und voller Sorge um dich.

Aber ich? Ich gehöre zum alten Eisen, das man wegwirft, bin nur eine Last." –

„Nein, das ist nicht wahr. Wenn du lernst, die Last des Alters anzunehmen, wirst du für viele zum Geschenk werden." – „Ach, Kind. Was könnte ich noch für andere tun?" – „Du sollst nichts tun, du brauchst nur zu sein." – „Und dann?" – „Alle Last, die du in deinem Leben schon getragen hast und die du jetzt trägst, wird dir zur Weisheit werden." – „Zur Weisheit? Wem soll das nützen? Was kann man sich dafür kaufen?" – „Nichts! Aber Weisheit macht reicher als alles, was man mit Geld kaufen kann!" – „Ich bin des Lebens so müde." – „Ja, das ist wahr. Aber nur, weil du ohne Liebe leben musst. Von jetzt an wird das nicht mehr so sein." – „Wie meinst du

das?" – „Siehst du den Hirten dort, der das Schäfchen unterm Arm trägt. Das ist Gideon, nicht wahr?" – „Du kennst auch ihn?" – „Ich kenne alle." – „Sogar mit Namen?" – „So wie Gideon das Schäfchen trägt, so trage ich dich, mit all deiner Last.
Lauf ihr nicht davon. Sie ist es, die mich zu dir einlädt." – „Die Last lädt dich ein?
Du bist ein Kind und das Schwächste von uns allen und willst mich tragen?" – „Weißt du denn nicht, wer ich bin?"
„Du bist Gottes Sohn!"

Jetzt hatte Gideon sie erreicht. Er starrte auf das Kind in der Krippe, mehr Worte der Anbetung brachte er nicht hervor. Selbst die Schafe verstummten und schauten, was hier geschah. „Tragen und Getragen werden, Ephraim, ist eins! Du trägst die Last des Alters für mich und ich trage dich." Ephraim versagte die Stimme. Wie Honig flossen die Worte in ihn hinein.
„O göttliches Kind – ich liebe dich."
Mehr brachte er nicht heraus, dann sank er in die Knie. Nach einer ganzen Weile kam es aus ihm hervor:
„Ja, ich will für dich leben. Solange du willst."

WÜRDE – WEISUNG – WEISHEIT

Könige von Tarschisch und von
den Inseln bringen Geschenke,
Könige von Saba und Seba kommen
mit Gaben.
Alle Könige der Erde beten ihn an,
alle Völker müssen ihm dienen.

Ps 72,10-

Melchior, was so viel hieß wie „König des Lichtes", hatte sie zuerst gesehen, diese eigenartige Erscheinung am Himmel. Er bestieg sein Kamel und ritt zum nachbarlichen Königshof, wo Caspar und Balthasar sich zum traditionellen Pferderennen arabischer Vollbluthengste getroffen hatten. Seine Freunde liebten Pferde. Er selbst hielt sich lieber an Kamele. Jetzt aber musste er unbedingt zu ihnen. Das mussten sie sich heute noch ansehen. Schließlich waren auch sie Sterndeuter. Es dunkelte bereits, als er eintraf. Und tatsächlich war der Stern mit seinem seltsamen Schweif wieder zu sehen.

„Kommt zum Fenster, schaut es euch an!" Caspar starrte nach draußen. „Einen solchen Stern sah ich noch nie!" – „Was hat das zu bedeuten?"
Balthasar, „Gott wird helfen" genannt, war hinter die beiden ans Fenster getreten und meinte: „Es heißt in den Schriften der Juden, ein Stern werde aufgehen im Osten und die Geburt eines neuen Königs verkünden! Er sei der auserwählte Hirte seines Volkes Israel! Ihr Messias!"
„Da muss ich hin! Ich will ihn sehen." – „Ich auch. Ein solcher König wird nicht alle Tage geboren!" Beide waren auf einmal ganz aufgeregt.
„Aber wir wissen ja gar nicht, wohin der Stern uns führen wird!" Melchior kamen Bedenken. Seine Haut war schwarz wie die Nacht. Würde er sich in der Fremde anderen zeigen, würden sie erschrecken. Das kannte er von anderen Reisen. Deswegen blieb er am liebsten bei seinem Volk. Es war eine Ausnahme, dass er in diesen Tagen die Freunde besuchte.

„Sei unbesorgt, Melchior. Du reist ja nicht allein. -
Aber was bringen wir mit?"

Richtig, einem neugeborenen König mussten sie
etwas mitbringen. Nun wurde Melchior doch von
der Begeisterung der anderen angesteckt: „Ich
bringe ihm Gold, wie es einem König gebührt, als
Zeichen seiner Würde."

Caspar, dessen Name „Hüter des Schatzes"
bedeutete, schaute sinnend vor sich hin. „Gold",
wiederholte er, „die Kostbarkeit aus den Tiefen der
Erde! Oft denke ich: In der Tiefe des Herzens der Menschen
liegt so viel Gold, so viel Gutes verborgen. Einer müsste
kommen, es ans Licht zu heben."

Nachdenklich nickten die andern. Ja, einer müsste kommen, es
ihnen neu bewusst zu machen.

„Ich werde ihm Weihrauch schenken", unterbrach Balthasar die
Stille. „Die Ägypter huldigen ihrem Pharao mit Weihrauch, weil
sie ihn als Gott verehren." Wieder blickten alle drei versonnen
in die Ferne. Was mochte es für ein Geheimnis um dieses Kind
sein, das unter solch ungewöhnlichen Zeichen am Firmament
geboren wurde?

Caspar, der Älteste, in der Sternenkunde und im Leben am
meisten erfahren, entschied: „Dann bringe ich ihm Myrrhe. Sie
soll seine Wunden heilen." – „Warum sollte er Wunden haben?"
– „Um uns alle zu heilen!"

Balthasar schaute ihn ernst und verständnislos an.

„Wie meinst du das?"

„Balthasar! Gott kann nur helfen, wenn der Messias diesen

Weg geht und das Leid der Welt auf sich nimmt." – „Warum meinst du, dass er leiden wird?", fragte nun auch Melchior. „Er ist doch ein König. Man wird ihm dienen und alles für ihn tun, wie es sich einem König gegenüber gebührt." – „Man wird ihn verfolgen, weil er bekennt, ein König zu sein. In den Schriften der Propheten steht, dass der Messias viel leiden werde."
Die beiden anderen schauten Caspar verwundert an, wagten aber nicht, seine Worte in Zweifel zu ziehen. In den langen Jahren ihrer Freundschaft hatten sie gelernt, dass Caspar von ihnen Dreien der Weiseste war und nichts sagte oder tat, das nicht einen tiefen Hintergrund hatte.
Doch nun drängte Melchior zur Eile. „Wir müssen bald aufbrechen. Sagen wir dem Kameltreiber Bescheid, dass er eine Karawane zusammenstellen soll und zwar schnell. Die Reise duldet keinen Aufschub mehr."

Niemand konnte ahnen, wie abenteuerlich die Reise werden würde, wie lang und beschwerlich. Doch allezeit zog der Stern vor ihnen her und wies ihnen den Weg. Tagsüber, wenn die Hitze der Wüste am größten war, blieb er stehen, wurde blass und war kaum zu sehen. Dann konnten auch sie im Schatten ihrer Zelte ausruhen. Doch kaum brach die Dunkelheit herein, tanzte der weithin leuchtende Stern vor ihren Augen, als wenn er sie zum Aufbruch drängen wollte.

Endlich sind sie nach vielen Wochen an ihrem Ziel angekommen. Der Stern bleibt über einem Stall stehen. Caspar hat ihn als Erster erreicht. Beim Anblick des Kindes und seiner

Mutter fällt er trotz seines hohen Alters sogleich auf die Knie:
„Du bist mein König!" Dann verstummt er.
„Schau, ich bringe dir Gold als Zeichen deiner Königswürde."
Melchior hebt sein Geschenk in die Höhe.
Seine Augen leuchten im dunklen Antlitz auf wie zwei kleine
Sterne. Eine unsagbare Freude überkommt ihn.
„Und ich bringe Weihrauch!"
Balthasar hat sich ebenfalls dem Kind genähert.

Nach langem Schweigen hebt Caspar sein ergrautes Haupt
und streckt dem Kind seinen Schatz entgegen: „Mein König,
ich bringe dir Myrrhe zur Heilung der vielen, die dich suchen
werden."

Balthasar kann jetzt nicht mehr an sich halten: „Warum bist du
in unsere Welt gekommen? Sie wird dir Leid zufügen." Doch
das Kind strahlt:
„Um zu zeigen, was Lieben heißt."
„Aber sie werden dich nicht verstehen!"
„Nicht alle, aber viele werden mir folgen.
Meine Liebe wird in ihnen sein.
Sie werden aus ihr leben, andern Gutes tun.
In der Not wird es sie dazu drängen, andern zu helfen.
Der Same meiner Liebe wird in ihnen wohnen und aufgehen,
ohne dass es ihnen immer bewusst ist.
Die Liebe wird bleiben."

„An Weihnachten
triumphiert die Liebe."

J. Kentenich

ERFAHRUNGEN AN EINER KRIPPE

Kinderwunsch

Ein muslimisches Ehepaar kam zu den „10 Minuten an der Krippe" und schrieb auf einen der ausgelegten Sterne seinen größten Wunsch: ein Kind. Den Zettel legten sie in eines der Körbchen, die rundgegeben wurden, und baten Jesus an der Krippe um die Erfüllung ihrer Bitte.

Nach einem Jahr kamen sie wieder. Hochbeglückt traten sie mit ihrem Kind auf dem Arm an die Krippe und erzählten einer der Marienschwestern, die gerade in der Nähe stand, von der Erhörung ihrer Bitte.

An der Krippe versöhnt

Vor einigen Jahren hatte sich ein Ehepaar hoffnungslos zerstritten. Die Krise war so tiefgreifend, dass beide fest entschlossen waren, sich scheiden zu lassen. In ihrer Verzweiflung entschloss sich die Ehefrau kurz nach Weihnachten, nach Schönstatt zu fahren, um dort in der Dreifaltigkeitskirche ein wenig Trost zu finden. Sie machte – wie früher schon einmal – das Programm der „10 Minuten an der Krippe" mit, schrieb ihre Anliegen auf einen Stern, legte ihn in das Körbchen an der Krippe und ging dann zur Grabstätte von Pater Josef Kentenich, in die ehemalige Sakristei der Kirche. Vielleicht, das wusste sie später gar nicht mehr so genau, um sich ein gutes Wort für das Jahr zu ziehen oder einfach nur ihren Kummer dort abzuladen.

Was sie nicht ahnen konnte: Einer spontanen Eingebung folgend war auch ihr Mann zur Dreifaltigkeitskirche nach Schönstatt gefahren und kam in diesem Moment in den gleichen Raum. Er hatte sich erinnert, dass sie gerade in diesen weihnachtlichen Tagen hier schöne Stunden gemeinsam erlebt hatten. Doch welch eine Überraschung, als er seine Frau auf einmal dort stehen sah!

Die Begegnung berührte beide so tief, dass sie sich versöhnten und einen gemeinsamen Neuanfang setzten, der bis zum heutigen Tag ihrer Ehe Bestand verliehen hat.

Wie Ärger sich wandeln kann

Zur Organisation der „10 Minuten an der Krippe"
gehört – wegen der zeitweise hohen Besucherzahl –,
dass Parkwächter den Autofahrern einen entsprechenden
Platz anweisen.

Ein Herr, dem das scheinbar fremd war, reagierte
sehr verärgert. Er könne sich ja wohl selbst noch
einen Parkplatz suchen, meinte er und reagierte recht
unfreundlich. Dann ging er wütend in die Kirche.
Am nächsten Tag erschien der Mann wieder mit zwei
Honiggläsern auf dem Parkplatz, entschuldigte sich bei
dem Parkwächter, dass er am Vortag so unfreundlich
gewesen sei, und überreichte ihm den Honig.

Ich will Maria sein

So wollte auch die kleine Simone unbedingt Maria spielen, aber die Rolle war schon vergeben. Traurig meinte sie: „Im nächsten Jahr spiel ich aber die Maria!"

Tatsächlich saß sie ein Jahr später bereits eine Stunde vor Programmbeginn auf der Bank für die Kinderdarsteller. Als man ihr erklärte, es beginne aber erst um 15.00 Uhr, meinte sie entschieden: „In diesem Jahr spiel ich aber die Maria. Deswegen bin ich schon da!" Selig empfing sie daraufhin das Gewand der Maria, passend für eine kleine Darstellerin ausgesucht.

Wenn, dann ganz

Die Kinder lieben das Krippenspiel, bei dem sie sich selbst eine Rolle aussuchen dürfen. Der kleine Thomas (4 Jahre) wollte unbedingt ein Schaf sein.

Stolz blickte er in die Runde, als eine der Helferinnen ihm in sein Schafskostüm verhalf. Als er dann in feierlicher Prozession mit den Hirten und den andern Schafen von hinten in der großen Kirche zum Altar einzog, entdeckte ihn seine Mutter und rief erfreut zu ihm herüber: „Thomas!" Er – als er seine Mutter erblickte – antwortete freudig und voller Begeisterung: „Mäh!"

Die Figuren der Krippe in der
Dreifaltigkeitskirche auf Berg Schönstatt
wurden von der Künstlerin
Ima Hartmann-Rochelle (+ 2013) aus
Wiedenbrück im Jahr 1979 geschnitzt.

DANK

Allen, die dieses Buchprojekt wohlwollend und fördernd begleitet haben, möchten wir herzlich danken, vor allem Dr. Elisabeth Braunbeck und Margareta Wolff für wertvolle Textkritik sowie Rose Cooper für konstruktive Hinweise zum Bilddesign.

Dem Schönstatt-Verlag danken wir für das Einverständnis zur Mitnutzung des Titels einer CD-Weihnachtskarte „Alle dürfen zu dir kommen, Jesus, Kind in der Krippe" (ISBN 978-3935396196).

Unser Dank gilt ferner dem Herder-Verlag, insbesondere unserer Lektorin Frau Carolin Schmeh, für die sehr engagierte, hilfreiche und angenehme Kooperation.

Quellennachweis

Die Bibel: S. 80: Einheitsübersetzung der Heiligen Schrift, vollständig durchgesehene und überarbeitete Ausgabe © 2016 Katholische Bibelanstalt GmbH, Stuttgart Alle Rechte vorbehalten. Alle weiteren Bibelzitate: DIE BIBEL. Herder-Übersetzung mit Kommentaren und Erläuterungen © Verlag Herder GmbH, Freiburg im Breisgau 2012. Alle Rechte vorbehalten

Papst Franziskus: © 2020 Libreria Editrice Vaticana

Josef Kentenich: Interne Textsammlung von Vorträgen 1927-1950 Ders., Gebetssammlung, Interne Sammlung von Gebetstexten. Ders., in: Ecce nova facio omnia. Exerzitien für den „Jungen Verband", Würzburg 21.-25. November 1966, bearb. v. Oskar Bühler,hrsg. v. der Generalleitung, Berg Moriah 2014. Ders., Gott, wo bist du? Textsammlung, hrsg. v. Institut der Schönstätter Marienschwestern, Vallendar 1972

Bildquellen

S. 6: Foto: ©Vatican Media; S. 16: Jan Wardenbach/Pixabay.com; S. 38, 55, 124: M. Florence Harder; S. 46 Alain Audet/Pixabay.com; S. 52, 53: Thais Araujo/ Pexels.com; S. 64: David Monje/Unsplash.com; S. 82: Lumina Obscura/Pixabay. com; S. 99: Paul Cameron/Pexels.com; S. 100: Jared Lind/Unsplash.com; S. 112, 113: Arthur Ogleznev/Pexels.com; Alle weiteren Fotos und alle Zeichnungen: Francine Marie Cooper

Leben kann gelingen – Die bewegende Biographie des Schönstatt-Gründers

Dorothea Schlickmann
Josef Kentenich
Ein Leben am Rande des Vulkans
344 Seiten I Gebunden
ISBN 978-3-451-38388-5

Pater Josef Kentenich (1885-1968), Gründer der internationalen Schönstatt-Bewegung, führte ein dramatisches und abenteuerliches Leben. Dabei hätte er schon am Familienleid seiner Kindheit zerbrechen, wegen existenzieller Glaubenskämpfe verzweifeln oder an seiner Tuberkuloseerkrankung sterben können. Er aber überstand auch die Jahre im Konzentrationslager Dachau und das langjährige Exil, das ihm von der Kirche auferlegt wurde. Sein Leben besaß etwas Faszinierendes, auch für solche, die nicht glauben. In ihm leuchtet ein Hoffnungssignal auf mit der ermutigenden Botschaft: Leben kann gelingen und einen weiten Radius gewinnen, auch unter schwierigsten Bedingungen.

In jeder Buchhandlung!

www.herder.de

Über die Bedeutung der Liebe

Papst Franziskus
Ave Maria
Die Mutter Gottes und ihr Geheimnis
144 Seiten I Gebunden mit Schutzumschlag
ISBN 978-3-451-38710-4

Treu und loyal, mitfühlend und zärtlich, selbstbewusst und mutig und stark selbst in der schlimmsten Erfahrung, die eine Mutter machen kann: Maria ist Mutter Gottes, sie ist Inspiration, Vorbild, Freundin und Hoffnungsträgerin. Und all diese Facetten berührt Papst Franziskus in seinem Buch über das »Ave Maria«. Er stellt sie als junge Frau vor, die sich auf Gott einlässt, und dadurch den Lauf der Geschichte verändert. Aus den alten Worten des »Ave Maria« gewinnt der Papst Botschaften für heute: für die Kirche und jeden Einzelnen. Seine Betrachtungen zeigen, weshalb dieses Gebet zentral für den Glauben und Millionen Menschen ist.

In jeder Buchhandlung!

HERDER

www.herder.de